NATIONAL GEOGRAPHIC

Peldaños

¡Extraño PERO cierto!

Cambios extraños

por Barbara Keeler

¿Sabías que algunas plantas sobreviven gracias a que engañan a los animales? La orquídea abeja es una planta que está disfrazada para engañar a un abejorro macho. Todos los seres vivos cambian a medida que crecen. Algunos cambian mucho durante su **ciclo de vida,** como la oruga, que se parece a una larva y se convierte en una mariposa adulta con alas. Algunos cambian un poco, como la cría del caimán, que parece una copia diminuta de sus progenitores. Algunos seres vivos pasan por cambios sorprendentes en su aspecto y su modo de vivir.

< Antes de florecer, los capullos de la orquídea abeja tienen un aspecto común. Después de florecer, la orquídea se parece mucho a un insecto.

¡Te engañé!

Como muchas plantas, la orquídea abeja comienza la vida como una semilla que germina en el suelo. A medida que la planta crece, se forman capullos. Luego viene un cambio sorprendente: cuando florece, ¡la flor luce y huele como un abejorro hembra! Un abejorro macho aterriza en la flor, y la confunde con una pareja. Cuando el macho descubre que lo engañaron, se va volando y lleva el polen consigo. Entonces puede **polinizar** o dejar caer el polen en otra orquídea abeja.

Una orquídea abeja polinizada puede producir miles de semillas. Cada planta de orquídea abeja es única. Las plantas con flores que más lucen y huelen como abejorros hembra tienen más probabilidades de atraer a un polinizador. Esas plantas se reproducen y transmiten sus **rasgos** o características. De generación en generación, las orquídeas abeja huelen y se parecen más a los abejorros hembra. ¡Y los abejorros macho continúan esparciendo el polen de la orquídea abeja!

Extraño pero cierto

La abeja orquídea atrae al macho de una sola especie de abejorro.

¡Todo estiércol!

Un escarabajo pelotero pasa por cambios extremos durante su ciclo de vida. Conforme crece, sin embargo, no cambia lo que come. Los escarabajos peloteros siempre están en o cerca del estiércol de los animales... ¡y se lo comen!

Muchos escarabajos peloteros olfatean el estiércol de los animales que comen plantas. Cuando encuentran el estiércol, ¡la cena está servida! Este estiércol contiene nutrientes de material sin digerir.

Un escarabajo pelotero africano hereda una conducta interesante de sus progenitores. Hace una pelota de estiércol y la entierra. El escarabajo puede comerla después o poner huevos en ella. Después de que la hembra pone un huevo, una larva sale del huevo y se come el estiércol. Cada larva muda o abandona su **exoesqueleto** varias veces. Luego, su cuerpo pasa por cambios enormes en la etapa de crisálida. El adulto emerge del estiércol y comienza a formar pelotas de estiércol por su cuenta.

Huevo

Larva

Crisálida

Adulto

Los escarabajos peloteros ayudan al medio ambiente. Los animales que comen plantas producen grandes cantidades de estiércol, que puede atraer moscas que portan enfermedades. Los escarabajos peloteros quitan los desperdicios y ayudan a que se descomponga. Esto libera nutrientes en el suelo y ayuda a prevenir que las moscas propaguen enfermedades. ¡Bien hecho, escarabajos peloteros!

Extraño pero cierto

Primicia del escarabajo pelotero

En una noche, un escarabajo pelotero puede enterrar su propio peso en estiércol hasta 250 veces.

Los escarabajos peloteros que prefieren la comida rápida suelen robarles las pelotas de estiércol a otros escarabajos peloteros.

Árbol dinamita

Las semillas de las angiospermas se esparcen de diferentes maneras. A unas las arrastran los animales, a otras se las lleva el viento y otras incluso parecen explotar.

Los árboles del diablo son unos de los árboles más altos de la América tropical. Pueden crecer hasta la altura de un edificio de diez pisos. Puedes observar sus espinas de flores y vainas con forma de calabaza. Sin embargo, no te acerques mucho. ¡Las vainas pueden partirse de repente y abrirse de golpe con un crujido! La fuerza de las semillas que se esparcen puede herir a personas o animales. ¿Puedes apreciar por qué se llama a este árbol "árbol dinamita"?

Otro sobrenombre del árbol es "mono no trepa", y por buenas razones. La corteza está recubierta con espinas, y las hojas, la savia y la corteza son venenosas. Algunos nativo-americanos han usado la savia para hacer dardos venenosos. Algunos pescadores mexicanos mezclan esta savia venenosa con arena para aturdir a los peces y atraparlos más fácilmente.

Extraño pero cierto

La vaina del árbol del diablo se puede abrir de golpe con fuerza súbita y esparcir las semillas a muchos metros de distancia.

Rana transparente

¡Imagina una rana que parece ser de cristal! La rana de cristal vive en los bosques de Centro y Sudamérica. Como otras ranas, pasa por grandes cambios durante su ciclo de vida. Pero la rana de cristal tiene una característica extraña. La piel de la parte inferior de su cuerpo es casi transparente. Si observas la base de la rana, ¡puedes ver sus órganos internos! Desde arriba, su piel parece verde clara. Estos rasgos heredados hacen que parezca que la rana desaparece cuando se posa sobre una hoja.

Extraño pero cierto

¡Echa un vistazo! Puedes observar cómo late el corazón de la rana de cristal. Quizá veas alimentos que se desplazan por su sistema digestivo.

Durante la temporada de reproducción, las ranas de cristal adultas viven en árboles que cuelgan sobre ríos. La hembra pone huevos en las hojas, donde están seguros de los depredadores que están debajo. El macho permanece en la hoja para proteger los huevos de otros depredadores, como las moscas. Estas intentan poner huevos sobre los huevos de las ranas. Si los huevos de las moscas eclosionan, las larvas se alimentan de los huevos de las ranas. La rana macho también cuida los huevos. Los huevos no eclosionarán si se secan demasiado. A veces, el macho orina sobre ellos.

Cuando los huevos eclosionan, los renacuajos caen al agua. Después de convertirse en adultos, las ranas regresan a los árboles y el ciclo de vida de la rana de cristal comienza de nuevo.

Huevos

Renacuajo

Renacuajo con extremidades

Rana adulta

< Una rana de cristal comienza la vida como un huevo. Sale del huevo como renacuajo. Con el tiempo, al renacuajo le crecen extremidades. Su cola se hace más corta. Por último, se convierte en una rana adulta.

Compruébalo Describe algunos rasgos de cada planta y animal y algunos sucesos y cambios extraños por los que pasan durante su ciclo de vida.

Lee para descubrir sobre las adaptaciones que hacen que los animales tengan un aspecto extraño, pero que los ayudan a sobrevivir en su medio ambiente.

Rasgos curiosos

por Barbara Keeler

¿Qué tiene un cuerpo como gelatina que puede resistir una gran presión debajo del agua? ¡El pez borrón! El pez borrón tiene **adaptaciones** que le permiten sobrevivir en las profundidades del océano. Las adaptaciones son características y comportamientos que ayudan a los organismos a sobrevivir en su medio ambiente. Estas adaptaciones ayudan a los animales a alimentarse, a esconderse y a reproducirse. Algunos organismos y sus adaptaciones parecen... bueno... ¡curiosos! Estos organismos han heredado muchas adaptaciones de sus progenitores. Los progenitores transmiten **rasgos** a su descendencia, por lo tanto, sus crías se parecen y se comportan como sus progenitores.

> **pez borrón**

Monstruos marinos

No es de sorprender que se haya informado sobre monstruos marinos a lo largo de los años. Las profundidades del océano son el hogar de algunos animales de aspecto escalofriante.

El mar profundo no es un lugar fácil donde vivir. El agua puede estar cerca del punto de congelamiento. También está oscuro. Cuanto más profundo se llegue, menos luz solar se ve, hasta que ella se desvanece por completo. El punto más profundo que se haya descubierto está a aproximadamente 11 kilómetros (6.8 millas) por debajo de la superficie.

Cuanto más profundo se vaya, mayor será la presión del agua. Sin adaptaciones especiales, un animal marino sería aplastado como la cáscara de un huevo. El pez borrón está adaptado al océano profundo. Su carne abultada es ideal para soportar la presión extrema.

El pez borrón se descubrió recientemente. Lo que parece una nariz es en realidad una aleta de piel abultada.

Un pez que pesca

Incluso los animales de las profundidades del mar deben comer y evitar que los coman. Algunos "monstruos marinos" producen su propia luz. Tienen sustancias químicas que brillan. Esta característica, llamada **bioluminiscencia,** los ayuda a encontrar sus presas en las aguas oscuras.

El pez rape hembra tiene una "caña de pescar" en el extremo de su nariz. En la punta viven bacterias que brillan. Algunos peces creen que la luz es alimento y nadan hacia ella. Unas mandíbulas temibles se apoderan de ellos. Un pez rape macho es más pequeño que una hembra, encuentra a una hembra y se adhiere a ella. Con el tiempo el macho y la hembra se fusionan. Sus vasos sanguíneos se unen. Cada vez que la hembra desova, el macho fertiliza los huevos.

∧ El rape hembra tiene una boca enorme. Puede tragar presas que tienen el doble de su tamaño. Eso es algo bueno. El cuerpo de la hembra puede alimentar a seis o más machos que se le hayan adherido.

Pulpo extraño

Los pulpos han heredado algunos comportamientos, pero también aprenden comportamientos nuevos. A medida que crecen, aprenden de la experiencia y están más alertas ante el peligro. Sin embargo, no tienen mucho tiempo para aprender. Los machos mueren después de aparearse y las hembras mueren después de poner huevos.

Un pulpo puede aprender observando a otros pulpos. Los científicos pusieron dos pelotas cerca de un pulpo. Escondieron un bocadillo detrás de una pelota. Al pulpo le tomó unos cuantos intentos descubrir qué pelota tenía el bocadillo detrás. Mientras tanto, un segundo pulpo observaba al primer pulpo. Cuando fue el turno del segundo pulpo, encontró el bocadillo en el primer intento cada vez. ¡Había aprendido observando al primer pulpo!

Cuando los pulpos nacen se parecen a sus progenitores... ¡son extraños! El pulpo Dumbo parece extraño, incluso para un pulpo. Tiene aletas que parecen las orejas del elefante de los dibujos animados con el mismo nombre.

Extraño pero cierto

Un pulpo es uno de los invertebrados más inteligentes. El pulpo gigante del Pacífico puede aprender a abrir un frasco que contiene una presa.

Súper hocicos

Los animales terrestres y acuáticos se enfrentan a diferentes desafíos. Bajo el agua, muchos animales se pueden desplazar nadando por su cuenta. En la tierra, otros animales pueden necesitar adaptaciones para correr, arrastrarse, cavar, escalar o volar. Pueden necesitar un fino sentido del tacto para encontrar alimentos. Pueden producir sonidos para comunicarse. ¡Algunos incluso usan su nariz de modos extraños para sobrevivir!

Con un órgano olfateador que es muy sensible al tacto, el topo de nariz estrellada usa las partes carnosas de su hocico para hallar presas pequeñas y capturarlas rápidamente. Se lo puede encontrar en el noreste de los Estados Unidos y el este de Canadá, y tiene otras adaptaciones para vivir en la tierra. Sus poderosas extremidades delanteras tienen garras enormes para cavar. Su vista deficiente no es un problema bajo tierra.

El topo de nariz estrellada tiene un hocico con proyecciones parecidas a un pulpo. ¿Puedes contar las 22? ¡Algunas son difíciles de ver! El topo puede identificar y agarrar presas en aproximadamente un cuarto de segundo.

Fíjate en el enorme hocico del mono narigudo. El macho desarrolla una gran nariz carnosa que atrae a las hembras, ¡pero no por su belleza! La nariz ayuda a hacer que el llamado del macho sea más estruendoso. Los llamados atraen a las hembras y espantan a los otros machos. Estos monos del bosque tropical permanecen mayormente en los árboles comiendo hojas, semillas y frutos verdes.

Los animales progenitores con adaptaciones que los ayudan a sobrevivir pueden transmitir estas características a sus crías. Los jóvenes entonces tienen una mayor probabilidad de sobrevivir, incluso aunque tengan un aspecto curioso.

Extraño pero cierto

Un mono narigudo solo come frutos que están verdes. Los azúcares en los frutos maduros pueden fermentar en su estómago y causarle inflamaciones fatales.

El regreso de los cóndores

El cóndor de California quizá no sea bonito, pero es el ave voladora más grande de Norteamérica. Su cuerpo puede medir hasta 1.4 metros (4.5 pies) de largo y su envergadura es de casi 3 metros (9.8 pies). Las aves pueden planear hasta 4,600 metros (15,000 pies), o más alto que la cumbre de muchas montañas.

El cóndor de California es el ave terrestre más grande de Norteamérica. Las alas enormes del cóndor le permiten elevarse en corrientes de aire ascendentes que se forman cuando el sol calienta el suelo. ¡Es como un ala delta!

casi 3 metros

Los cóndores son aves carroñeras. Se hacen un festín con cadáveres de grandes mamíferos, como las vacas o los ciervos. A veces, las aves se llenan tanto de comida que deben descansar durante horas antes de volar nuevamente.

Los cóndores de California estuvieron cerca de extinguirse a fines de la década de 1970. Cuando quedaban solo unos pocos cóndores, los científicos comenzaron un programa de reproducción en cautiverio. Ahora, más de 100 aves viven en la naturaleza y están protegidas por ley.

Cuando se liberó a los primeros cóndores criados por seres humanos, no sabían cómo sobrevivir en la naturaleza. Muchas aves murieron y hubo que capturar a otras de nuevo para mantenerlas con vida.

Los cóndores jóvenes debían aprender de las aves salvajes. Por lo tanto, antes de liberar a un ave joven, los biólogos ahora ponen un cadáver al aire libre para atraer a los cóndores salvajes. El cóndor joven abandona su jaula y se une a los demás. Entonces, la joven ave se va volando con las aves adultas.

Desde los peces borrones viscosos hasta los cóndores de cabeza calva, muchos animales heredan algunas adaptaciones poco comunes. ¡Pueden parecernos curiosas, pero estas adaptaciones les sientan muy bien!

Extraño pero cierto

Una adaptación como un pico fuerte y afilado le permite al cóndor penetrar el duro cuero animal. Con frecuencia debe meter la cabeza dentro de un cadáver para llegar a la carne. Una cabeza calva puede ayudar al cóndor a mantenerse limpio durante la hora de la comida.

Compruébalo ¿Cuáles son algunas adaptaciones que los animales heredan de sus progenitores? ¿Cuáles son algunos comportamientos que algunos animales pueden aprender?

GÉNERO Artículo científico

Lee para descubrir sobre las arañas y cómo producen la seda.

¡Arañas!

por Joe Baron

En este momento podrías estar a menos de seis pies de una araña. Probablemente no la veas, pero es posible que la araña sepa que estás allí. Tiene ocho ojos y pelos en todo el cuerpo para sentir los objetos. Unas cuantas arañas son venenosas, pero la mayoría son tímidas y rara vez muerden a los seres humanos. Las arañas tienen muchas formas y colores, y pueden ser diminutas o tan grandes como un plato.

Una araña hembra pone huevos en un saco de huevos de seda. En unas semanas, los huevos eclosionan y salen arañitas que se parecen a sus progenitores. Las arañitas mudan o abandonan su **exoesqueleto** varias veces a medida que crecen. Se convierten en adultas después de un año.

La araña tiene dos partes principales en su cuerpo. Una es la región de la cabeza, la otra es una sección posterior llamada abdomen.

La araña tiene ocho ojos.

Toda la araña está cubierta con pelo. Los pelos la ayudan a sentir los objetos cercanos.

Como otros arácnidos, una araña tiene ocho patas.

Dos extremidades cortas y gruesas sobresalen de la región de la cabeza. Las arañas las usan como manos.

Las mandíbulas de las arañas terminan en colmillos afilados. Cada colmillo tiene un agujero diminuto que libera veneno.

Ancho mundo de telarañas

El abdomen de una araña contiene órganos que ayudan a las arañas a fabricar la seda. La seda de araña comienza como un fluido que sale del abdomen. El aire convierte el fluido en una fibra resistente. De hecho, algunas arañas fabrican una seda que es más resistente que el acero. Las arañas usan su seda para envolver a su presa. Hacen cables o hilos de seda para evitar caerse. Las hembras envuelven sus huevos con seda. Algunas arañas incluso fabrican "paracaídas" de seda para volar hacia un nuevo hogar. También usan seda para obtener alimento. Las arañas tejen muchos tipos de telarañas. Usan sus telarañas para atrapar presas.

Algunas arañas hacen telarañas circulares que parecen ruedas de bicicleta. Construir una toma al menos una hora. Luego la araña espera en el centro. Un insecto vuela hasta los hilos pegajosos. La araña corre rápidamente e inyecta a la presa con veneno para paralizarla o matarla.

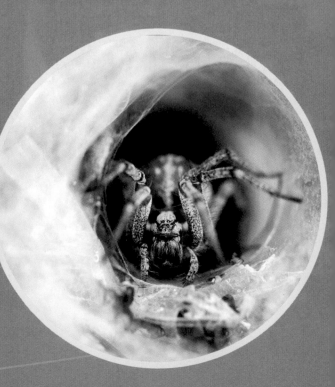

Las arañas del laberinto tejen una telaraña plana que se angosta en un refugio parecido a un tubo. Cuando un insecto aterriza en la telaraña, la araña sale como un dardo y lo toma por la fuerza con una mordida. Luego la araña arrastra a la presa adentro para comérsela.

Datos sobre las
arañas

El estómago de una araña está en la región de su cabeza.

La araña huele y saborea con sus pies.

El veneno de la araña se usa como medicamento.

Si se desenreda una de las más grandes telarañas, ¡la seda se extendería 480 kilómetros (300 millas)!

Algunos tipos de arañas se comen a otras arañas.

Cerca de 37,000 especies de arañas viven en la Tierra.

¡En Sudamérica, la gente come tarántulas asadas!

Las ranas, los sapos, las lagartijas, las aves, los ratones, los escarabajos, las avispas y los ciempiés comen arañas.

Las arañas *Linyphiinae* tejen telarañas planas que se extienden a través de arbustos o campos.

Las arañas lanzadoras de telarañas hacen nidos de seda. Lanzan su telaraña sobre las presas para atrapar su cena.

Salvajes sin telarañas

Las arañas no son quisquillosas a la hora de comer. Las abejas, las moscas, las polillas... todas son deliciosas. Las tarántulas incluso comen ratones y aves pequeñas. Pero una araña no puede masticar o tragar, entonces, ¿cómo se come a su presa? Una araña inyecta jugos para hacer que las tripas de la presa queden licuadas y así poder sorberlas.

Solo cerca de la mitad de las arañas del mundo tejen telarañas. ¿Cómo hace la otra mitad para atrapar su alimento? ¡Tienen sus maneras!

Las arañas de la escotilla viven en agujeros. Hacen puertas de seda y tierra. De noche una araña levanta la puerta y saca la cabeza. Atrapa cualquier cosa comestible que pasa caminando.

Las arañas de lobo, las arañas cangrejo y las tarántulas son acechadoras. Cazan a otras criaturas. Se muestra un licósido devorando un grillo.

Las arañas saltadoras salen súbitamente de su escondite y se abalanzan sobre los animales que tienen aspecto delicioso. La araña teje un cable para evitar caerse si no captura a su presa.

Prepararse y devorar

¿Cuánto comen las arañas? Los aracnólogos son científicos que estudian las arañas. Pueden explorar las maneras de responder esta pregunta.

Un equipo de investigación estudió las arañas que vivían en un acre de tierras de labranza. Todas las arañas del lugar juntas comían cerca de 34 kilogramos (75 libras) de insectos por día. ¡Ese es el peso aproximado de 750 perritos calientes!

Las arañas no solo comen insectos. Las arañas más grandes comen ranas, pequeñas serpientes, lagartijas, ratones y murciélagos. La tarántula Goliat come —lo adivinaste— aves. ¡Esta araña es gigante! Su cuerpo puede crecer hasta medir aproximadamente 9 centímetros (3.5 pulgadas) de largo y su envergadura puede ser de 25 centímetros (aproximadamente 10 pulgadas). Sale súbitamente de su escondite y luego mata a su presa con el veneno de sus colmillos.

Quizá debido a sus ocho ojos y patas peludas, o quizá porque parecen salir arrastrándose de la nada, las arañas parecen escalofriantes. Pero sin el gran apetito de las arañas, viviríamos con muchos más insectos. De hecho, la próxima vez que veas una araña, ¡sonríele!

⌄ Tarántula Goliat

Extraño pero cierto

La araña sonriente

La araña sonriente vive en Hawái. Mide solo unos cuantos milímetros de largo. Las marcas de la araña pueden desanimar a las aves que quieren comérsela. La hembra se posa en una hoja y protege sus huevos. A diferencia de la mayoría de las arañas, cuida a sus crías. Incluso captura presas para que las arañitas coman. ¡Eso sí que es para sonreír!

Compruébalo   ¿Cuáles son algunas adaptaciones de las arañas que las ayudan a sobrevivir?

Lee para descubrir cómo el peor incendio en la historia de Yellowstone afectó la vida silvestre.

Yellowstone en llamas

por Joe Baron

El verano de 1988 fue el más seco registrado en la historia del Parque Nacional Yellowstone. La hierba y las hojas secas de los bosques del oeste de Wyoming habían creado el escenario para un incendio feroz. Todo lo que se necesitaba era un detonante.

El incendio afectó a más del 36% del parque.

Los incendios que se iniciaron fuera del parque quemaron más de la mitad del total de acres.

Los relámpagos causaron 42 incendios. Los seres humanos causaron 9 incendios.

Aproximadamente 300 animales grandes, en su mayoría alces, murieron. Más de 30,000 alces sobrevivieron.

Combatir el incendio costó $120 millones.

El esfuerzo por combatir el incendio tuvo un impacto menor en los incendios, pero salvó vidas humanas y propiedades.

Unos cuantos incendios pequeños se iniciaron en junio. Hacia agosto y septiembre, los relámpagos produjeron unos incendios, y personas descuidadas produjeron otros. Pronto, los incendios arrasaron el parque. Los árboles estallaron en llamas que se elevaban sobre el bosque. El calor del fuego hizo que los vientos fueran más fuertes. Vientos intensos soplaron llamas de un lugar a otro. Los animales corrían a toda prisa por su vida.

Más de 25,000 personas trabajaron para combatir el incendio, pero no tuvieron mucho éxito. La lluvia y la nieve finalmente comenzaron a caer, y semanas después el fuego se había extinguido. Varias zonas del parque quedaron carbonizadas. Muchos creyeron que se había perdido el bosque. La mayoría no esperaba que se fuera a **regenerar,** o volver a crecer, pronto. Les preocupaba cómo verían el parque los futuros visitantes. ¿Qué crees que verías si visitaras el parque los días después del incendio? ¿Cómo te sentirías?

Las piñas del pino de Murray están selladas con savia hasta que el calor de un incendio las rompe para liberar las semillas de las que crecen nuevos árboles. ¡El fuego ayuda a que crezcan nuevos árboles!

Extraño pero cierto

Después de las llamas

El fuego tiene un rol fundamental en el ecosistema del parque. Parecía que los alces y los bisontes se comportaban como si el incendio fuera un suceso natural. Según un guardabosque, cuando se aproximaba un incendio, los animales huían a un área abierta. Allí, pastaban hasta que el incendio se extinguía. Luego, muchos de ellos se dirigían de vuelta a las áreas quemadas.

Resulta que el incendio no es del todo malo en el parque. De hecho, muchos seres vivos tienen **adaptaciones** que les permiten sobrevivir e incluso prosperar después de un incendio. Con el tiempo, las plantas con **rasgos** que las ayudan a sobrevivir incendios se reprodujeron y transmitieron estos rasgos.

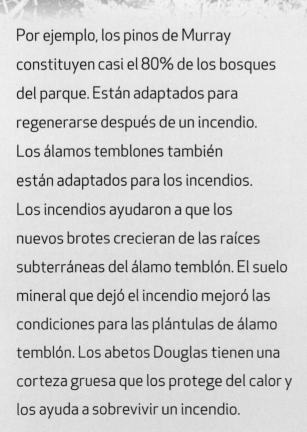

DATOS DEL INCENDIO DE YELLOWSTONE

Las cenizas alteraron los minerales del suelo y lo hicieron más fértil. Algunas plantas crecieron rápidamente en la primavera después del incendio.

Los pastizales regresaron a sus condiciones anteriores al incendio en unos años.

Puede tomar más de 100 años para que los pinos de Murray lleguen a la madurez después de un incendio. Los árboles maduros llegan a alturas de 18 a 25 metros (aproximadamente 60 a 80 pies).

Los osos pastaban con más frecuencia en los sitios quemados que en otros lugares.

No pareció que los incendios redujeran el número de osos grizzlys en Yellowstone.

Las aves que construyen nidos en los árboles tenían más árboles muertos para hacer sus nidos. Sin embargo, las aves que anidan en los árboles vivos completamente maduros perdieron lugares para vivir.

Por ejemplo, los pinos de Murray constituyen casi el 80% de los bosques del parque. Están adaptados para regenerarse después de un incendio. Los álamos temblones también están adaptados para los incendios. Los incendios ayudaron a que los nuevos brotes crecieran de las raíces subterráneas del álamo temblón. El suelo mineral que dejó el incendio mejoró las condiciones para las plántulas de álamo temblón. Los abetos Douglas tienen una corteza gruesa que los protege del calor y los ayuda a sobrevivir un incendio.

Yellowstone en la actualidad

Los científicos del parque aprendieron de los incendios anteriores. Por años, la mayoría de los administradores del parque creían que debían apagar todos los incendios para salvar los recursos del parque. Pero los científicos aprendieron que aplacar todos los incendios reduce el número de especies vegetales y animales. En 1972, los administradores de Yellowstone comenzaron a permitir que los incendios ardieran si habían comenzado naturalmente. Siguieron combatiendo los incendios causados por los seres humanos, y protegiendo las casas y las ciudades de los incendios. Los incendios de 1988 ayudaron a los científicos a aprender más maneras de manejar los incendios.

Los administradores del parque comenzaron a practicar la quema controlada después de que observaron las ventajas de la quema de bosques. ¡En realidad comenzaban y controlaban incendios! La quema controlada puede ayudar al bosque de estas maneras:

- reduce el aumento de crecimiento que puede avivar los incendios grandes;
- controla las plantas que desplazan a otras plantas;
- controla las enfermedades de las plantas;
- mejora la supervivencia de las especies que dependen del fuego, y
- aporta nutrientes al suelo.

Aunque los incendios pueden ser muy destructivos, muchas plantas y animales dependen de ellos. Les ha tomado siglos a los seres humanos aprender que el bisonte y el alce ya sabían esto. El fuego es una parte natural del ecosistema de Yellowstone. De hecho, si la naturaleza no proporciona un incendio cuando es necesario, los trabajadores del parque ahora manejan incendios controlados para ayudar a preservar las condiciones naturales del parque.

Los científicos y los visitantes tienen una nueva valoración de las maravillas de Yellowstone. En la actualidad, los incendios controlados ayudan a que Yellowstone siga siendo un lugar maravilloso para la vida silvestre y los turistas.

DATOS DEL INCENDIO DE YELLOWSTONE

Grandes incendios arden en los bosques de Yellowstone cada 250 a 400 años.

Los grandes incendios queman los pastizales del parque cada 25 a 60 años.

Los relámpagos producen un promedio de 22 incendios por año.

Aproximadamente el 80% de los incendios iniciados naturalmente se apagan solos.

Compruébalo ¿Cómo están adaptadas algunas plantas para sobrevivir y reproducirse después de un incendio?

Comenta

1. ¿Qué conexiones puedes establecer entre las cuatro lecturas del libro? ¿Cómo se relacionan las lecturas?

2. En "Cambios extraños" leíste sobre varios ciclos de vida. Compara y contrasta los ciclos de vida del escarabajo pelotero y la rana de cristal.

3. Piensa y describe tres adaptaciones heredadas de los animales de "Rasgos curiosos". ¿Cómo ayuda cada adaptación a que el animal sobreviva?

4. Compara y contrasta las maneras en las que una araña que teje telarañas y una araña que no teje telarañas capturan su alimento.

5. ¿Qué hacen los trabajadores del parque para prevenir los incendios extraordinariamente grandes?

6. ¿Qué te sigues preguntando sobre las maneras en las que los animales y las plantas están adaptadas para sobrevivir en su medio ambiente? ¿Qué investigación puedes hacer para saber más?